Silvia Siller

De mariposas y mantis

Silvia Siller

De mariposas y mantis

Poemas

urpi
editores

De mariposas y mantis
Silvia Siller

De esta edición, reservados todos los derechos
© Silvia Siller
© URPI Editores

Edición al cuidado de la autora
Diseño y diagramación: Walter Ventosilla
Pinturas: *Me tejo la vida* (en la portada) y *Ni con el pétalo de una rosa* (en la contraportada) de la pintora salvadoreña Carmen Elena Trigueros.

Primera edición, febrero de 2014
Tiraje: 500 ejemplares

ISBN 978-0-9910245-0-6

Impreso en Estados Unidos
Printed in United States

A mi padre,
por contribuir a la formación de mi sensibilidad poética
y por su voz al declamar tan llena de sentimiento.

A mi madre,
por su amor incondicional, por su amistad
y su ojo crítico maternal que me envuelve
con una ternura azucarada y una pizca de sal.

A mi hermano,
por su ejemplo de generosidad
y por enseñarme a librar mis primeras batallas
para buscar, identificar y expresar una voz propia.

A mis hijos,
por ser los maestros que me llevan a las fronteras
de la transformación espiritual.

A mis amigos y parientes queridos,
por el privilegio de tenerlos cerca de mi corazón
a pesar de la distancia.

A mi John

Un hombre desnudo a mi lado duerme
plácido tras la batalla
tan feliz cual combatiente de justa causa
ahí reposa el hombre que yo amo
rendido ante el alivio
amo a ese hombre de horario, cual reloj
quien cuando despierta acaricia mi pelo
cuyo mentón sin afeitar, reconoce mi espalda
y sus labios mis besos
amo a mi Hombre con mayúscula
amo su cuerpo que me busca
y me enciende… la luz

Me siento como rompecabezas arcoíris
Coyolxauhqui desmembrada, pariendo chispas
de luna blanca en el horizonte

Presentación

Mujer que vacilas entre la luz y la sombra. Dualidad de
una psiquis dentro de un milenio lleno de incógnitas.
Mujer que avanzas al ritmo de virtudes sazonadas entre
la tradición pasada y la modernidad malentendida hacia
un futuro arrebatado. Que tu alma deje de sucumbir a
una adversidad dimensionada por falsos egos en este
andar egoísta de un mundo cerca del abismo. Firma tu
nombre con la honradez de tu sentir, entre la frescura de
tu candidez infantil y la forzada batalla contra exigencias
de una época desnuda de valores. He aquí mis pondera-
ciones poéticas desordenadas en el tiempo, en zig-zag,
como los sentimientos femeninos que rescatan todo un
abanico de temperaturas; esculpiendo alegrías, calman-
do tormentas y sanando iras con la sublimación del alma,
desde mariposas hasta mantis.

El poema de la M

Mujer mariposa mujer mantis
madre, mente y mesura
manceba menstruante
muñeca, mosaico, montaña

mecenas maleable
minuciosa
                    mutante,

mamas, mendigas, manipulas

mutilada, mientes
mujer mentolada y macabra
mujer misógina mezquina
malabarista
majadera meditabunda o misántropa
muda

melocotón mugre
mula magnífica
monumento misterioso
maravillosa mujer
mujer mariposa mujer mantis

I. De la inspiración

Luna llena, gorda de palabras

Qué luna más intensa penetra mi aura
una luz extremadamente daga
y todas esas palabras atoradas
de repente
también los poemas ausentes
como presas sueltas
se me salen
en cascadas

Musas escondidas

¿Qué ángel me canta hoy?
¿qué musa, qué inspiración?
no oigo arpas ni aleteos
ni canto de sirenas a lo lejos
sólo la aurora escondida
frente a la luna noche marinera
desentierro el tesoro
sacudo la arena
sorpréndeme noche
firma tu seudónimo en mi poema

Llama de vela

Ay, suspiro, suspiro de café a media luz de vela
entre sombras, siempre, nunca, sombras
sombras haciéndose el amor,
esperan, se adhieren, se despegan
se nutren, se funden
se igualan, se abandonan

Palabras tejidas

Hoy me concentro en texturas
capullos de seda engordándose,
lana de borreguitos rasurados
palpo angoras, estambres,
hilos abrazándose
fértiles me miran, me ruegan
téjenos un rostro despacito
llénanos de vida cual hoja blanca de escritor

II. De la melancolía

Horas luna

Son muy grandes estas horas
caben inmensos insomnios
fermentados recuerdos de desvelos
horas entrañables de marasmos

Son muy grandes estas horas
bifurcadas en tantos recovecos
polvorientos baúles cicatrizan
heridas de dudas y retos se atizan

Son muy grandes estas horas
monstruosas resbalan cada noche
goteando minutos suspensivos
precoces segundos que carcomen

Son muy grandes estas horas
atrevidas roen el recuerdo
cual termitas saboreando estrías
consumiendo abortos, sangres vivas

Son muy grandes estas horas
tan grandes que parecen vacías
entre sombras noches frías
aparecen las horas perdidas

horas grandes, anchas, infinitas
horas largas, amplias, espaciosas
horas mías, tuyas, diurnas y nocturnas
horas viejas, nuestras, horas luna

El beso prohibido

Hoy corrí con mis recuerdos
mis piernas tejían huellas en la tierra
vi un pato posar sus alas en el lago
me robé la imagen
tal como aquel día del sueño divino
el del beso secreto y prohibido
para que hoy bebas mis palabras desnudas
tan mías, sin saber que son tuyas

Esta tarde

La tarde me embriaga sin malicia
se posa desplegando sus alas
se despoja de todo, ¿de nada?
está sola, se siente sola, se aísla
sus siluetas persisten ignoradas
entre murmullos celestes
con sombras que iluminan
los terciopelos que del cielo descuelgan... como en
/cámara lenta

la tarde está ebria,
se acerca
la tarde se torna enojada, viene decidida
injuriando,
        contagiada,
                sin medida
la tarde no emite sonrisas
está roja
está rara
la tarde está encolerizada
y ahí en el altar,
el incienso va adormeciendo lentamente
su agonía

Nostalgia

Esta mi nostalgia con nombre y apellido
se presentó de repente en mi cama
y me lamía las mejillas y las lágrimas
esta mi nostalgia estaba perdida
como si yo la escondiera entre mis juicios
esta mi nostalgia me despierta
y hoy descubro que no tenía epitafio
era una nostalgia dormida que no yacía sola
esta mi nostalgia con nombre y apellido
hoy me toca el juicio
hoy me sacude el alma

Desde el patio de mi abuela, Nicaragua

El guanacaste mojado se despide,
se despide el narciso y la genciana
las palmeras, los mangos, las guayabas
se despide de mí una lluvia rala
aquel monte de cactus, los helechos,
el cantar de las aves y chicharras
los grillitos resuenan y en el cielo,
se despiden mis nubes de Managua

III. Del espíritu y el tiempo

Meditación

Silencio interno, apago el ruido
cierro el telón, polvo, neblina,
estoy tras bambalinas
¿de qué color es esta noche silenciosa?
color pirámide budista

Desapego

Hoy practico el desapego
no juzgo, no exijo, no espero
me dejo fluir, danzo, navego
el mañana es incierto
mi regalo, este momento
acaso tensiones absurdas
silencio, busco el desapego

Cambios

La transición y la incertidumbre
llegan, se instalan, vuelan, nadan,
nos dejan un castillo de ilusión,
o de arena,
con su propio derrumbe

Equilibrio

Miércoles, mercurio, plateado
medito, silencio, palpo
hoy sombra capullo mariposa
luz de seda
acaso sollozo
acaso congelado gozo
acaso

Olas

La vida es ola que revuelca
caminos trazados en la arena
¿de qué vale diseñar atajos
arquitecta de obeliscos?
las olas vienen y revientan
son tsunamis del destino

Calendario azteca

Calendario de Tonatiuh
círculo secreto dios en piedra
oro, sudor de sol azteca
plata, lágrimas de luna,
encierras secretos del mundo
en el yolotzin del universo

Sueños muy soñados

He soñado muchos sueños
invisibles al espejo
mías las cúspides sin premio;
hijos-trofeos,
poemas secretos,
disminuida a madre digna ("sin oficio")
secreta soñadora de otras versiones
de mí misma
allá las montañas reverdecen
escalo peldaños de lodo
entre la maleza subo
y mis muslos,
sin queja advierten una flor silvestre
llegan los treintas, los cuarentas
sin que los sueños se rindan…
y como nieve, las décadas van derritiéndose
frente a mis inventadas primaveras
allá alto del pico nevado
diviso los cincuentas (¿sin-cuentas?), los sesentas
y paro
cuando en el espejo de los sueños resucita un vaho
se desempaña otro frente de barco sin rumbo aparente
aún los muslos responden
para derretir la cumbre del otoño-invierno
para izar la bandera de logros soñados de siempre
desde una fuente cándida cristalina
con la sal y la pimienta de los veintes
como musas quietas
las montañas emergen
y ante la plenitud de una mujer cualquiera

el reflejo del espejo convierte su futuro en presente
concibiendo desde el mañana los veranos
como un *collage* de soñados sueños
finalmente todos hechos realidad

IV. Del romance rosa

Soñando en escribir

Al alba otro sueño en sus labios
perdida en la frontera de su aliento
luego réferi entre varoncitos celosos
el día entero demarcando espacios
tanto tanto, día a día,
ahora noche, hora mía
bálsamo

Plaza de los Arcángeles,
San Ángel México D.F

Sol radiante
derramándose en destellos
penetraba la tarde
coronada de besos
como niña
yo ante un beso inocente
avanzaba ciega
hacia un campo traviesa
luego sus manos
envolvían delicioso
rozando los poros
erizados de gozo
carbones en bruto
puros besos sin rimas
en la plaza
esos arcángeles
iban sumando buganvilias

Perfume de gardenias

Mi cuarto se perfuma
de gardenias
mi cuarto se ilumina con tu vela
la tinta vierte y rescata
delicados olores entre letras
letras nuevas, brotan frescas
y te sienten, te absorben
te escriben, te esconden
rociando las ganas entre aromas
de deseos
te bañan entre sombras
de imaginados besos

Almas gemelas

Fue un sorbo de amor
esas probaditas de bordes de copas
un destello, un *bouquet* de segundos
fue un segundo diminuto
como luz estela sigilosa
fue el rocío matutino
frágil hielo como escarchas
un preludio tan divino
cual semilla germinada
un beso removiendo las entrañas
eterno
fundido
de almas

Bajo arpegios de guitarra

Quiero tenerte a mi lado
bajo arpegios de guitarra
sucumbir en los acordes de tus manos
cuerda a cuerda entre matices y neblinas
la distancia dispersa se esfuma
cuerda a cuerda se aleja la bruma
percibiendo los ecos apenas
cuerda a cuerda enlazando locuras
buscando rimas
cuerda a cuerda de repente el silencio
es mejor que las risas
cuerda a cuerda susurros al oído
de lejos me encuentras
quiero tenerte a mi lado
sucumbir en los acordes de tus manos
persuadir tu mirada transparente
llevármela en secreto a mi regazo
al fondo ese arpegio de guitarra
en una gama de colores
ahí bien escondida en tu abrazo
rebasando el tiempo y la distancia

Poema infértil

De qué me sirve esta noche
esta pluma
hoja
vela
foto
luz
el recuerdo
la luna
inspirarme
aferrarme
palabras
todo esto o las ganas
deseos
todo eso que hoy tengo
justo ahora
cuando me faltas tú

Fogata en Malinalco

El fuego bailaba erguido
tronaban chispas
troncos, leña
carbones calientes
frío paciencia
mezcla tibia sin relojes
ahí estabas
con tu ausencia

Deshojando las horas

Voy deshojando horas
quitando pétalos-minutos
llenando de palabras el vacío
acortando la espera
desnudo todos los segundos
tejo con ellos una cuerda
una cuerda que te alcance hasta tus rumbos
como en forma de listón
trenzando nuestros mundos

El cuento del diálogo con la luna

Pido la luna prestada cuando huele a nostalgia
por esa ventanita de rocío que en la madrugada
/se desgasta
sabia de mi historia la luna me mira
encerrando en su redondez años de ausencia
me ve fijamente dándome aquel ramo de gardenias
/que empolvadas,
destilan mi añoranza
la invito a sentarse en mi lecho,
—Habla ¿qué se siente estar tan gorda como una
/embarazada?
la luna llena, llena de su panza, silenciosa me ofrece
/la bandeja plata, de recuerdos
de cartas, de historias privadas
la luna las guarda en su cajón de hierro
hoy me dio la llave y mis lágrimas salieron
entonces la luna se tornó roja, amenazante, desató
/su cólera en mi madrugada y con furia
/me arrebató la bandeja de plata
—¡No luna! soy adicta al recuerdo, harta la luna
/se quedó apagándose en mi regazo, recitando
/los mismos diálogos míos, aburrida
—¡Basta! se irguió la luna regordeta:
—No más recuerdos, tiraré tu bandeja plateada
/en el universo
que las estrellas dispersen las cartas en espiral
—¡No, luna!, soy adicta al recuerdo, guárdame las cartas
/en tu cajón de hierro, aquí está la llave
/y la bandeja de plata, guárdalas todas para otro año,
/para otro invierno

V. Del desamor

Cuando todo duele me haces falta

Cuando todo duele me haces falta
me duelen los silencios
las palabras
cuando todo duele,
los recuerdos viajan
como sombras en el viento
el tiempo se esfuma
indiferente
a cada cual su culpa
su momento
aquellos fértiles amores desangrados
rechinan,
revientan como besos a las criptas
cuando todo duele
me alejo
de los lujos vanos al silencio
cuando todo ducle me busco
y me encuentro sola
con mis versos

Batalla de recuerdos

Ahí muy hondo gimen los recuerdos
cada vez mas lejos se van diluyendo
los nuevos vienen estrenando
buscándose un lugar de madrugada
los recuerdos se pelean entre viejos y nuevos
los podridos agonizan, sollozando
los vírgenes empujan, seducen con encanto
y por mientras... conviven
ambos

¿Qué quieres al momento?

¿Qué quieres al momento?
¿que salga y resuene?
y tú sin habla
y yo sin viento
sin versos
¿Qué quieres al momento?
de un misterio desnudo
de esos tiempos dolientes
un escalofrío
en el cruce de fuegos
mirada que se pierde
en el aroma del encuentro
entre arritmias palpito
como espasmo

¿Qué quieres al momento?
que ceda y de frente me evada
¡qué quieres al momento!
¿lo arriesgas todo?
¿lo anticipas?
lo posees
dominas, presientes,
percibes, suspiras
todo
subyugas, contemplas, anhelas, deseas, nutres todo,
todo, TODO
¿Qué quieres al momento?

¡Qué va! tú no entiendes, eres duende

¡Qué va! tu no entiendes de palabras
que desnudan lunas, nubes, mares
no distingues luces tenues o candentes
tus pupilas torpes vacilan ante soles
no por nada eres duende,
ratón poquitero de drenajes, coladeras y aguardiente
tus ínfulas mienten,
sólo,
al borde,
no las colmas, eres duende
no eres hombre

Cobrando tardes solitarias

Cobrando tardes solitarias
se evaporan días de cemento
con llanto
se apagan ternuras al viento
cómo cobrar a la vida
soledades
cómo gastar odios
cómo escupir rencores
retrocedo,
lejana,
torturo el impulso…
un impulso extremado
un impulso provocado
un impulso arraigado
enraizado en un fantasma
un impulso de verle
repleto de ascuas
tartamudo de repente
como bajo ataques de asma
un impulso confuso
un impulso de alas
un impulso de intruso
quizás un impulso de abrazo
de beso
un impulso asesino
un impulso perverso
hijo de heridas profundas
supurando burbujas,
coraje y sangre
un impulso atrevido de odiarle

un impulso…
acaso de amarle
un impulso revertido
deseoso y bienvenido
un impulso verdadero
auténtico, obediente
cargado de fuego un impulso agridulce
un impulso maloliente
gimiendo a escondidas, perenne
un impulso explosivo
como parto doloroso
un impulso escalofrío
convertido en transparente
ese impulso indescriptible
aguerrido
un impulso difuso
entre dardos afilados,
un impulso...
demente

Horas asesinas

Las horas se escurren dolorosas
las absorben los recuerdos resentidos
como abono a tierras se sumergen
llenando telarañas en mi mente
ahí te apresan entre redes
hasta que te agotes, hasta que te seques

Un recuerdo apestoso

Tu recuerdo camina lejos
cuando me visita se viste de cierto olor a podrido
a la legua lo huelo, vomito
arrojo médulas de moho
el vértigo se burla, me agita, exploto
pero bueno, ni modo
tan sólo residuos
la secuela que deja tu paso por el mundo

El revés de la rabia

No es rencor lo que guardo
ni es odio lo que siento
hoy yo siento que adentro
tengo ganas de escuchar su voz
no una voz varonil que estremezca mi ego
no una voz de su orgullo malsano, soberbio
pero esa que resuene balando como las plegarias
                                    /de los borregos
una voz que reivindique
aquel odio que no guardo
aquel odio que no siento

Basta

Me niego a recordar
arrastrar añejos sentimientos
me niego a imaginar
lo que sería un beso que no tengo
no quiero ni enterrar
ni cavar en mis adentros
ni viajar de ida y vuelta en el tiempo
no quiero inventar anhelos
no quiero escarbar baúles empolvados
ni oír rechinar puertas con olor a nuevo

Sombras presas

Sí
aquí me tienes
acariciando sombras
lamiendo las heridas desgastadas
cerradas en ventanas transparentes, protegidas
allí comen, beben y duermen
esperando la luz de la mañana
cada mañana reviven, permanentemente
y no sufren, las ventanas las protegen
allí comen, beben y duermen
no perciben aguaceros
ni los truenos ni los rayos fantasmales
como aisladas, cual inmunes
allí comen, beben y duermen
sin que adviertan sus dolores
pregonando sus verdades entre redes
entre cuatro paredes sus ventanas
y miran caminantes de repente
se asoman farsantes-sonrientes mientras duermen
sólo ciegos de noche, a pesar de las ventanas
/transparentes
cada mañana despiertan y comen, beben y duermen

VI. Del flamenco

Punta tacón el flamenco y yo

Yo canto al flamenco porque exhibe faenas
se derraman llagas taconeando penas
allí las mato todas, toitas revientan

cuando bailo flamenco la guitarra se quiebra
se sacuden de rabia sus cuerdas, queman
engreídas vibran fatuas olas que rompen
puros rojos vivos que entre olanes se esconden
entre puntas patadas humanas y tacones

los sentimientos mas tiernos se diluyen
allí sólo cuentan los clímax y ardores
sólo agudos decibeles que aturden
y rebasan traiciones, falacias, pudores,

no más puños sin gracia y salero torpes
que hoy mis brazos se tornen seductores

¡exagéralos! ¡vamos! ¡estira! ¡floreando!
burla a tus enemigos ¡venga! ¡toreando!

con las palmas aplaude tu estocada
banderilla fina, hasta adentro incrustada

mientras la castellana recuerda sus amores
gozando de silencios, de la nada

la escobilla lava sola sus hedores
de maderas podridas y hastiadas

cómete los bríos, la alegría llana
y déjate venir de los rincones

yo canto al flamenco por mi suerte
yo canto a la vida sin medida
y a la intensidad exprimo hasta la muerte

acompaño el deleite con hojas de té
la faena termina, aplausos y ¡olé!

Duelo por seguiriya

De negro, bailando, de luto
falda y olanes, de luto
la música, llama de fuego
acelera, sentidos, extremos
negros, tacones, se azotan
asustan, fantasmas, inviernos
madera, sagrada, que atrapa
se apodera, del alma, endiablada
jugando, desgarro, miradas
de aquellos, audaces, ladrones
bailando, se olvidan, rencores
se entierran, barato, con flores
y ahi me tienen,
de negro, bailando, de luto

A Nuria Pomares

Círculo Español,
New York 2009
La vida breve
De Manuel de Falla

Aparece como cisne serpiente
hechicera de noche que embriaga
divina garza, ligera, precisa
convertida en bruja, sirena y hada
la vida breve para ti un suspiro
un aliento estremecido
tu baile es éxtasis de pulso y castañuelas
perfume desvanecido con líneas y vueltas
el mismo Manuel resucitado,
moriría de nuevo
al darse cuenta,
que lo breve
puede ser eterno

Mi baile te regalo

Mi baile te regalo
con todos sus tacones
sudores limpios
y torpezas
me desgasto bailando
purifico líneas en el aire
mi baile te regalo
acaso bueno,
malo, mío
ahora tuyo
nuestro

VII. *De la seducción*

Carrera premeditada

Sigiloso, silencioso, con cautela
como lobo a su presa
rodeando sublime, sutil
olfateando, cautivo, circulando
estudiando un manjar primitivo
y de repente
apareces, atacante
perfecto, con ternura sagaz
encajando esa garra engreída
en sus marcas, listos, fuera

Fuimos mar y arena

En un recuerdo náufrago de isla
culminando los deseos
fuimos mar y arena acariciada
luego marea alta
maremotos sacudidos
humectados de dulzura
suaves como espumas
de la inmensa playa

Viaje

Hace un gorro y una bufanda y media que te fuiste
Ginebra, París, otro aeropuerto, otro tren y otra cama
hace tres poemas, pláticas del diario
cuatro horas de baile y el resto...
de desvelos, curitas, sonrisas, regaños,
carritos y trencitos,
pero ya vienes,
cansado,
buscando el paraíso

Eclipse de luna

Al filo de la noche
huele a hombre en luna llena
sediento de prohibido
de gula voraz
huele a mujer
hambrienta de eclipse
de piel y miel dulce
de olvido total

Rostro de madrugada

Juego con la punta de mis dedos en tu rostro
delineo tus párpados, dibujo el contorno de tus labios
te vuelvo a inventar en el alba
repaso tu cara con mis dedos-pinceles
con colores de tu sonrisa
aspiro de tus poros, viriles aromas
esos que embriagan las madrugadas

Abrazarte es

Abrazarte es abarcar la delicia rotunda de tenerte
caber en ti como fiel pieza de rompecabezas
ningún espacio para el aire
homogénea de pintura
abrazo de esponja-cereza
estar en tus brazos reteniendo suspiros
es abarcar los enigmas de la historia
todo se vuelve origen, paraíso
tus brazos arcoíris me sostienen
torsos confundidos,
nada importa

Viena

Te reto a que olvides esos días de lunas exclusivas
el mirador, la noche para ambos
en el palco
Viena en silencio dormitaba
al compás de las caricias
la noche aceleraba sin prejuicios
era una intrusa, cómplice de ansias
resbalando despacito a las entrañas
luego frescos besos nuevos
sedientos hundíanse profundos
anclábanse
la noche callada asomaba su rostro
secaba sudores de los nidos
abanico de amor recién nacido
la loma despedía a los extraños
la noche ya ida, por el día
sin tiempo, ni luna escondida
sí amenazas de soles quemando
era un infierno, un calor sofocado
pero entonces nosotros éramos de mármol

Ausencia en prosa

Escribir ahora es darle paso andante a la incertidumbre, al estremecimiento de una tarde que debiera ser lo que no es. Una tarde, con puesta de sol violeta, como el color de la sangre coagulada, de un moretón, de un dolor estancado que a sanar empieza. Una tarde cualquiera de viernes, sin Venus, de noche que no llega, de tu ausencia forzada, de un tiempo que artificialmente cicatriza.

Olas misteriosas de Acapulco

De lejos vienen cautelosas, con sus propios secretos
                                    /diluidos
una a una explosión de rugido y la arena rociada
                                    /de espumas
vertidas y blancas, burbujas de encajes, en vaivenes
                                    /sublimes murmuran
la brisa como eco de olas, mece palmeras cual crujidos
caricias salvajes garbosas, fraguando un alivio,
las enormes olas misteriosas
azul de relojes marinos
expiran potencia
eternizan delirios
metrónomo perfecto del olvido

Amor soñado

¿Qué aroma tiene tu mirada? ¿qué aliento tienen
/ tus manos?
¿Qué sudor tiene tu pecho? ¿qué sueño tienen
/ tus brazos?
¿Qué aroma tiene tu mirada? Ven, dime ¿qué deseo tiene
/ tu alma?

La sentencia

Llegas y contigo nace de nuevo la sentencia
reconocer el abismo de tu mirada
ajeno de mi alcance,
esa voz parida de tu aliento
que perfuma el gozo destellante de esta presencia
                                    /compartida
disfrazada en escenario cotidiano
hay permisos ocultos
de colindar las fronteras del enigma
en la actuada cercanía de una indiferencia zigzagueante
ahí escondida, dentro del palpitante murmullo,
alternando entre poemas y canciones,
repetimos la sentencia,
esa cadena perpetua que alarga eternamente
la culminación de poseernos, al menos en un beso

VIII. De la maternidad

A mi panza

La rutina diaria ignora si me llamas
eventuales caricias por dentro
mis manos te miden en la noche
te aplacan, te hablan
son fiestas de entrañas tus madrugadas
con tu latir diminuto
vas bailando en mi barriga
mundito visible y redondo
cómplices andamos en la cotidianeidad
en la crudeza del invierno
en la tempestad,
nadie te advierte bajo mi abrigo
panza sube, panza baja
uptown, downtown
en la urbe blanca
mientras yo te presiento
imagino tu rostro
derramando sonrisas maternales
parece tan lejana la primavera
el tiempo se alarga,
y abril no llega

Central Park

Maternidad concha nácar
nace fina de benditas perlas
que se tornan en canicas
canicas saltarinas que en el parque se escapan
hasta la rabia
luego maternidad amorosa adivinando enigmas
hoy maternidad arrastrada
cual coraza de tortuga desvelada empujando su casa
qué textura empedrada de carne de cañón
que se esfuma luego en sus ojitos traviesos
perdón mami, perdón

Mis hijos piratas

Esos mis retoños ángeles cupidos
me llevaron volando a su castillo
fui sirena rescatada en un barco-sofá
fuimos submarinos-cojines con bufandas de pescar
un mapa del tesoro, capitán,
¡qué delicia de noche! co-piloto,
ustedes, mi luna y el mar

Egoísmo materno

¡Qué ojitos pizpiretos, qué sonrisa más grande!
orgulloso en tu bicicleta verde sin rueditas,
arrojándote al aire, al primer bocado de vida sin padres
rodando al futuro sin alertas
desde la banca del parque mis ojos te observan
suspirando: Daniel ¿a dónde irás sin mí, amor ven acá,
a dónde vas pedaleando, a dónde irás?

El baño de Amalia

Amalia se zambulle en su tinita
con su gordurita de tres meses bien comidos
comienza a sentir el agua temerosa
ojos grandototes de asombro
cual mariposa revoloteando
pierde el equilibrio
con todo su cuerpecito abombonado
se deleita con el agua,
con el agua que aunque tibia,
ya no es la de mi vientre.

Mi sandwichito picoso

A Gabriel

Vienen solos sus besos tronados
humectando mi alma por sorpresa
labios carnosos, rosados
anuncian su abrazo cariñoso, temperamentoso,
como San Bernardo
oso, oso
al medio de la balanza todo un abogadito por dentro
buscando el equilibrio
mi sandwichito picoso, oso, oso

ÍNDICE

VIII. De la maternidad

De mariposas y mantis
de Silvia Siller, se terminó de imprimir
en el mes de febrero de 2014
en los talleres gráficos
de La Imprenta del País
por encargo de URPI Editores
urpieditores@gmail.com